Wie lange dauerte
das Mumifi[illegible]

W[illegible]eben
die a[illegible]ten Ägypter?

Was hat Papyrus
mit Papier zu tun?

Wer war der Pharao?

Sind alle Mumien Pharaos?

Konnten die alten
Ägypter Mathe?

Warum war der Mistkäfer
ein Glücksbringer?

Kauten die alten Ägypter
schon Kaugummi?

Wie viele Mumien
haben Forscher gefunden?

Hatten die Ägypter Haustiere?

Impressum

Band 26 der Reihe
„Was Kinder wissen wollen“
Velber Verlag

Coverfoto: AGE/Mauritius
Illustrationen: Detlef Kersten
Fotos: ACE / mauritius images (25); AKG / Erich Lessing (9, 15, 21, 35, 37, 45); AKG Berlin (11, 19, 31k, 43k); istockphoto.com (17, 23, 29, 41, 31g, 33, 43g, 39k); wikipedia (39g); Jacques Descloitres, MODIS Land Science Team (7); picture alliance (27); Tom McHugh / Photo Researchers, Inc. (13)

Text und Redaktion: Ulrike Berger
Layoutentwurf: Christoph von Herrath
Layout: Anja Schmidt
Repro: Meyle & Müller, Pforzheim
Druck: Proost, Belgien

ISBN 978-3-86613-546-8

Wen verflucht der Pharao?

Verblüffende Antworten über das alte Ägypten

velber

Wer waren die alten Ägypter?

Vor etwa 5000 Jahren entwickelten sich auf verschiedenen Kontinenten die ersten Staaten. Gemeinsam ist all diesen frühen „Hochkulturen“, dass sie an sehr fruchtbaren Flusstälern lagen. Auch das Ägyptische Reich entstand entlang des Nils im Nordosten Afrikas.
Während die Menschen in Mitteleuropa gerade in den ersten Pfahlbauten wohnten, lebten die Ägypter schon in Städten, bauten gigantische Pyramiden, entwickelten mit den Hieroglyphen die erste Schrift und vieles mehr. Umgeben von Wüste entstand so eine der größten Kulturen der Antike.

3000 Jahre lang war Ägypten der bedeutendste Staat am Mittelmeer. Dann wurde das Römische Reich größer und mächtiger. Die letzte große ägyptische Pharaonin war Kleopatra, die im Jahr 30 v. Chr. starb. Wenig später eroberten römische Streitkräfte Ägypten. Und das einstige Weltreich am Nil geriet für viele Jahrhunderte in Vergessenheit.

Ägypten von oben:
Jm Norden ist das Mittelmeer zu sehen, im Osten der Persische Golf. Der Nil schlängelt sich durch die Wüste. An den Ufern des Nils ist das Land grün und fruchtbar.

Wie stellten sich die Ägypter das Leben nach dem Tod vor?

Die Ägypter glaubten an ein Leben nach dem Tod. Dieses spätere Leben sollte im Großen und Ganzen so weitergehen wie das Leben auf der Erde. Unbedingt notwendig war dafür der Körper. Daher wurden die Toten mumifiziert und so erhalten. Damit das zukünftige Leben angenehm ablaufen konnte, wurden die Toten mit vielen sinnvollen Dingen begraben, die sie schon zu Lebzeiten besaßen: Stühle, Werkzeuge, Betten, Schminktöpfchen und vieles mehr. Wichtige Grabbeigaben waren auch Speisen und Getränke.
Denn der Weg ins neue Leben war weit und die Toten sollten weder Hunger noch Durst haben. Auch kleine menschliche Tonfiguren kamen mit in die Gräber, die Uschebtis. Diese Figuren sollten im nächsten Leben die unangenehmen Arbeiten erledigen. Die Wände der Gräber in den Pyramiden waren mit vielen Szenen aus dem diesseitigen Leben bemalt, damit das gute Leben von dieser Erde auch im nächsten Leben weitergehen würde.

Übrigens:
In Tut-Anch-Amuns Grab fand man 365 Uschebtis – einen „Diener" für jeden Tag des Jahres.

Auf den Uschebtis, den „Dienern im Jenseits“, stehen Jnschriften, zum Beispiel: „O du Uschebti, wenn ich aufgerufen werde, irgendwelche Arbeiten zu tun, die im Totenreich getan werden müssen, das Land zu bewässern oder den Sand von Ost nach West zu tragen, dann sollst du sagen: Hier bin ich, ich werde es tun.“

Warum hatten die Ägypter eine Glatze?

Dickes, glänzendes, tiefschwarzes Haar – das war die Mode im alten Ägypten. Also setzten sich die Ägypter genau solche Perücken auf. Unter der Perücke war es warm. Frauen trugen ihr Haar daher unter der Perücke kurz und Männer rasierten sich gleich den ganzen Schädel – auch der Pharao! Tagsüber bedeckten die Männer ihre Glatze mit einem Tuch gegen die Sonne, die Perücke trugen sie nur zu besonderen Anlässen. Auch Kinder hatten kahl rasierte Köpfe – mit Ausnahme einer seitlichen Locke, der „Jugendlocke". Die Glatze hatte auch sonst große Vorteile: In dem warmen Klima Ägyptens fühlten sich Kopfläuse sehr wohl. Durch kurze Haare oder Glatzen beugten die Ägypter einem Befall durch diese lästigen Tierchen vor.

Übrigens:
Teure Perücken bestanden aus menschlichen Haaren oder Tierhaaren. Günstigere Perücken waren aus Woll- oder Pflanzenfasern hergestellt. Bienenwachs oder Baumharz sorgten dafür, dass die Perücke zusammenhielt. Bei großen Festen trugen die Frauen einen parfümierten Wachskegel auf der Perücke. In der Hitze schmolz der Kegel, das Parfüm breitete sich aus – und das flüssige Wachs hielt die Perücke wie Haargel gut zusammen.

Das ist die Statue eines ägyptischen Paares. Männer und Frauen trugen kunstvoll geflochtene Perücken.

Warum heißen Mumien „Mumien"?

Einige der ersten Mumien, die entdeckt wurden, waren mit einer schwarzen Schicht überzogen. Die Entdecker hielten diese schwarze Masse für Bitumen, „Erdpech". Bitumen ist eine teerartige Masse, die durch Trocknen hart und glänzend wird. Das arabische Wort für Bitumen ist „mumiya". Also nannte man die gefundenen Leichen „Mumien", sozusagen „aus Pech gemacht". In Wirklichkeit war es aber kein Bitumen, sondern Harz, das im Laufe der Jahrhunderte schwarz geworden war. Der Name „Mumie" blieb jedoch hängen.

Übrigens:
Pech ist eine schwarze, teerartige, superzähe Flüssigkeit. Wir kennen es vor allem aus der Erdölproduktion. Natürlich vorkommendes Pech, Erdpech oder Bitumen genannt, gibt es zum Beispiel am Toten Meer oder in Syrien.

Bei der Mumifizierung wurden die Körper mit wohlriechenden Harzen behandelt. Diese Harze veränderten im Laufe der Jahrhunderte ihre Farbe. Deswegen sind Mumien heute oft dunkelgelb, braun oder sogar tiefschwarz.

Wo wohnten die alten Ägypter?

Die Ägypter nahmen Nilschlamm, stampften darin herum, bis er weich war, vermischten ihn mit Stroh und Kieseln, füllten diese Mischung in Holzformen und ließen sie in der Sonne trocknen. So entstanden Ziegel für den Hausbau. Alle ägyptischen Häuser, egal, ob es sich um den Palast des Pharaos oder ein einfaches Familienhaus handelte, waren aus solchen Ziegelsteinen gebaut. Die meisten Häuser waren einfach und nur einstöckig. Ein Teil des Gartens wurde als Küche verwendet. Die Menschen schliefen auf Matten, entweder auf dem Boden oder auf dem Dach. Das war in den warmen ägyptischen Nächten ein sehr angenehmer Schlafplatz. Reiche Ägypter hatten mehrgeschossige Häuser. Sie besaßen einen Vorratskeller, Bäder mit Toiletten und manchmal sogar einen Swimmingpool im Garten! Die Innenwände ihrer Häuser waren reich bemalt, oft mit Alltagsszenen, deshalb wissen wir so viel über das Leben damals.

Übrigens:
Reiche Leute schliefen nicht auf Matten, sondern in Betten – hatten aber aus unserer Sicht sehr unbequeme Kissen. Denn sie legten ihren Kopf auf hölzerne Kopfstützen!

Ziegel wurden in Ägypten aus getrocknetem Lehm hergestellt. Aus diesen Lehmziegeln bauten die alten Ägypter ihre Häuser. Stein war für die Ägypter das Material der Unvergänglichkeit. Für die Ewigkeit bestimmt waren aber nur die Gräber und Tempel, daher wurden nur diese aus Stein gebaut.

Wer hat die Pyramiden gebaut?

Drei Monate im Jahr, wenn der Nil über die Ufer trat, stand das Ackerland unter Wasser. Das Wasser reichte dann sehr nahe an die Pyramiden-Baustellen heran und verband sie direkt mit den Steinbrüchen. So konnte man die Baustoffe mit Booten heranschaffen. In dieser Zeit halfen die dann arbeitslosen Bauern beim Bau der Pyramiden. Denn ihre Felder standen zu der Zeit völlig unter Wasser.

Auf Hieroglyphentafeln fand man richtige Arbeitsverträge mit festen Lohnangaben. Bezahlt wurde mit Brot und Bier. Ein klarer Beweis also dafür, dass der Bau der Pyramiden keine Sklavenarbeit war. Wie genau die schweren Steine hoch auf die Pyramiden geschafft wurden, das wissen die Wissenschaftler aber immer noch nicht. Immerhin wiegt ein Steinquader 2,5 Tonnen, so viel wie ein halber Elefant. Und Lastkräne gab es damals noch nicht – zumindest hat man noch keine ausgegraben. Auch wie die Ägypter die Steine geschlagen haben, ist heute noch ein Rätsel. Die Steine liegen so perfekt übereinander, dass man nicht mal mit einer Rasierklinge zwischen die Fugen kommt!

Übrigens:
Die Cheops-Pyramide ist die größte jemals gebaute Pyramide Ägyptens. Ihre Grundfläche ist so groß wie neun Fußballfelder. 30 000 Menschen haben jedes Jahr daran gearbeitet, die Bauzeit betrug ungefähr 30 Jahre.

Die Cheops-Pyramide (links) ist die größte der ägyptischen Pyramiden. Bis heute ist man sich nicht sicher, ob in dieser Pyramide je jemand begraben wurde. Oder ob es vielleicht irgendwo in der Pyramide noch ein unentdecktes Geheimgrab gibt?

Wen verflucht der Pharao?

„Der Tod soll den mit seinen Schwingen erschlagen, der die Ruhe des Pharao stört.“ Dieser Satz soll auf einer kleinen Tontafel gestanden haben, die der Archäologe Howard Carter 1922 in der Grabkammer des Tut-Anch-Amun gefunden hat. Aber bis heute hat niemand diese Tafel wirklich gesehen.
Nach der Öffnung von Tut-Anch-Amuns Grab hat es einige seltsame Todesfälle gegeben. Manche Wissenschaftler vermuten, dass ein Schimmelpilz dafür verantwortlich war. Ein solcher Pilz kann in der Grabkammer Jahrtausende überdauern.
Beim Einatmen könnte er eine Lungenkrankheit ausgelöst haben. Bewiesen ist diese Theorie aber nicht.
Die Mehrheit der Besucher und der anderen Personen, die mit der Mumie Kontakt hatten, starb viel später auf natürliche Weise. Selbst Howard Carter, der die Grabkammer selbst geöffnet hatte, starb im Alter von 66 Jahren eines natür lichen Todes – siebzehn Jahre nach der Entdeckung von Tut-Anch-Amun!
Der Todes-Fluch des Pharaos bleibt also, bis jemand diese Tafel wirklich findet, ein Gerücht.

Das ist die Grabkammer des Tut-Anch-Amun, der etwa von 1333 bis 1323 v. Chr. regierte. 1922 entdecke der englische Archäologe Howard Carter das völlig unbeschädigte Grab im Tal der Könige.

Wie lebten die Kinder im alten Ägypten?

Mit vier Jahren begannen die Kinder bereits ihre Ausbildung für das weitere Leben oder den späteren Beruf. Die Jungen erlernten den Beruf des Vaters, der meist Bauer war, sie lernten weder lesen noch schreiben.
Die Mädchen lernten bei ihrer Mutter Hausarbeit und Kinderpflege. Lesen und Schreiben war auch für sie nicht vorgesehen. Viele von ihnen wurden Dienerinnen und meist heirateten sie sehr früh – im Alter von zwölf Jahren.
Es gab auch Schulen im alten Ägyptischen Reich. Dorthin durften aber nur Jungen, die zum Beispiel Arzt, Rechtsanwalt oder Schreiber werden sollten. Die Schulzeit dauerte zwischen vier und 14 Jahren. Es gab drei Fächer: Rechnen, Lesen und Schreiben. Die Lehrer waren sehr streng und bestraften ihre Schüler mit Stockhieben, wenn diese etwas nicht wussten.

Übrigens:
Allein das Lernen der Hieroglyphen brauchte lange Zeit, denn von diesen Zeichen gab es über siebenhundert! Zum Vergleich: Unser Alphabet besteht aus 24 Buchstaben.

Das ist die Familie von Anhour Khaou, einem Baumeister in Theben. Kleine Kinder trugen keine Kleidung, sondern rannten nackt herum. Ab dem vierten oder fünften Lebensjahr bekam der Junge einen Lendenschurz und das Mädchen ein Kleid als Zeichen dafür, dass sie nun keine Babys mehr waren.

Warum hat der Sphinx keine Nase?

Immer wieder sagt man „DIE“ Sphinx. Dabei handelt es sich beim ägyptischen Sphinx um ein männliches Wesen und heißt daher „DER“ Sphinx. Ein ägyptischer Sphinx zeigt einen Löwen, meist mit einem Menschenkopf, der als Wächter zum Beispiel vor einem Grab oder einem Tempel steht. Es gibt aber auch Sphingen mit Widder-, Falken- oder Sperberköpfen.

Der berühmteste und größte Sphinx ist der große Sphinx von Gizeh. Er ist über vier Jahrtausende alt. Sein Kopf zeigt wohl den Pharao Chephren, dessen Pyramide gleich dahinter steht. Die Figur ist 73,5 Meter lang, sechs Meter breit und 20 Meter hoch. Allein die Vorderpranken haben eine Länge von etwa 15 Metern!

Am berühmtesten ist seine fehlende Nase. Oft werden Napoleons Truppen beschuldigt, bei ihrem Einmarsch in Ägypten 1798 die Nase abgeschlagen zu haben. Doch sie sind daran unschuldig. Das beweisen noch ältere Zeichnungen aus dem 15. Jahrhundert, auf denen der Schaden schon zu sehen ist. Noch wissen die Experten allerdings nicht, wer die Nase nun wirklich abgeschlagen hat. Aber sie wissen, wie es geschah: Jemand stieß eine Stange oder einen Meißel in den oberen Bereich der Nase und unter das rechte Nasenloch des Sphinx und brach so die Nase ab.

Musste der Pharao seine Zähne putzen?

Die alten Ägypter spülten ihren Mund mit Lösung aus Natronsalz. Und sie schrubbten die Zähne, indem sie auf einem kleinen Stock oder aufgefaserten Ästchen kauten – Mundpflege war ihnen sehr wichtig! Dennoch ist das Ergebnis von Röntgenbildern, auf denen Forscher die Zähne von ägyptischen Mumien untersucht haben, gruselig: völlig abgenutzte Zahnkronen, Parodontose und kaputte Kieferknochen. Die alten Ägypter mussten trotz Zähneputzens fürchterlich unter Zahnschmerzen gelitten haben! Grund dafür war wohl das äygptische Brot. Es war aus Emmer gebacken, einer sehr harten Weizensorte, die am Nil wuchs. Das Korn wurde zwischen flachen Steinscheiben gemahlen. Dadurch gelangten auch kleine Steinkörnchen ins Mehl, zusammen mit dem Wüstensand. Diese harten Zutaten feilten die Zähne regelrecht ab.

Erst später entdeckten die Ägypter ihre Vorliebe für Honig und andere Süßigkeiten. Diese waren lange aber nur den Reichen zugänglich. Deswegen finden wir heute nur wenige Mumien mit Karies.

Übrigens:

Zum Zähneputzen, wie wir es heute kennen, fehlte den Ägyptern etwas ganz Wichtiges: die Zahnbürste. Die wurde erst 1498 in China erfunden.

Tut-Anch-Amun und seine Gemahlin Anchesenpa-Aton, dargestellt auf der Rückseite seines Throns. Obwohl der Pharao seine Zähne immer putzte, litt er bestimmt unter furchtbaren Zahnschmerzen.

Wie lange dauerte das Mumifizieren?

Die Mumifizierung war ein aufwendiger Vorgang. Der Balsamierer schnitt den Körper des Toten an der Seite auf und entfernte alle inneren Organe bis auf das Herz. Das Gehirn zog er mit einem langen Haken durch die Nase heraus, um den Schädelknochen nicht zu beschädigen. Anschließend warf er das Gehirn, das den Ägyptern unwichtig war, einfach weg.
Magen, Leber, Lunge und Darm wurden getrocknet und in einzelne Tonkrüge gepackt. Dann wusch der Balsamierer den Toten und bedeckte ihn mit Salz. Salz zieht das Wasser aus dem Körper. Rund 40 Tage blieb der Körper in diesem „Salzbad“ zum Austrocknen liegen. Dann wurde der Körper mit Leinen und duftenden Ölen ausgestopft, gesalbt und mit Harzen behandelt. Und am Ende in mehreren Schichten in Leinenbinden gewickelt und in einen Sarg gelegt.
Das Begräbnis fand etwa 70 Tage nach dem Tod statt.

Übrigens:
Alle Toten wurden entweder mit einer Totenmaske bedeckt, die dem Gesicht des Toten entsprach, oder das Bild des Toten wurde auf den Sarg gemalt. So wollte man sichergehen, dass die Seele nach dem Tod immer ihren dazugehörigen Körper finden konnte.

Der Einbalsamierer, dargestellt als Gott Anubis, zieht mit dem Haken das Gehirn aus der Mumie.

Wie schrieben die alten Ägypter?

Jeder kennt die geheimnisvollen Schriftzeichen der alten Ägypter, die Hieroglyphen. Das sind über 700 verschiedene Bilder. Jedes Bild steht für einen Laut oder einen Gegenstand. Die Bildzeichen konnten von rechts nach links, von links nach rechts oder von oben nach unten geschrieben sein. Erkennbar war das an der Blickrichtung der Tiere. Schaute die Eule, das Zeichen für „M", nach rechts, las man den Text von rechts nach links. Für den Handel war diese Schrift jedoch viel zu kompliziert. Hierfür wurde die hieratische Schrift verwendet. Das ist eine von den Hieroglyphen abgeleitete Schreibschrift. Später entwickelte sich daraus die noch einfachere demotische Schrift.
Nach dem Untergang des Ägyptischen Reiches ging das Wissen um diese Schriften verloren. Als Archäologen viele Jahrhunderte später versuchten, die Hieroglyphen zu übersetzen, war es ihnen nicht möglich.
Vor 200 Jahren stieß ein Franzose auf einen Stein, der so groß wie ein Tisch und über und über mit Zeichen bedeckt war. Dieser „Stein von Rosetta" stammt aus dem Jahr 196 v. Chr. und entpuppte sich als „Wörterbuch" für alle, die sich mit dem alten Ägypten beschäftigten. Denn darauf steht ein und dieselbe recht lange Danksagung, und zwar dreimal. Jeweils in den drei Schriften des antiken Ägyptens geschrieben: in Hieroglyphen, auf Demotisch und auf Griechisch. Endlich konnten die Hieroglyphen entschlüsselt werden!

Was hat Papyrus mit Papier zu tun?

Unser Wort „Papier“ leitet sich von Papyrus ab, einer Wasserpflanze, die an den Ufern des Nils wächst. Die Ägypter ernteten diese Pflanze, schälten den Stängel und schnitten die Pflanze in etwa 40 Zentimeter lange Stücke. Die Stücke wurden eingeweicht, in dünne Streifen geschnitten und kreuz und quer übereinandergelegt. Dann schlug man mit einem Stein auf diese Matte. Dadurch lief der Pflanzensaft aus, der wie Klebstoff wirkte und die Fasern zusammenhielt. Fertig war das, noch nasse, „Papier“. Es wurde zum Trocknen ausgelegt und unter schweren Steinen geglättet. Die fertigen Blätter waren ungefähr 40 Zentimeter breit und 50 Zentimeter hoch. Wenn ein Schreiber längere Texte schreiben musste, klebte er mehrere Blätter aneinander und rollte sie zu einer Rolle zusammen.

Übrigens:
Zum Schreiben gab es eine Art Pinsel, die Schreibbinse, ein Schilfrohrstängel, der vorne ausgefranst wurde. Die Tinte bestand aus schwarzer und roter Farbe, Ruß und Ocker, mit Wasser vermischt.

Auf diesem Papyrus, genannt „Papyrus Rhind“, sind komplizierte mathematische Berechnungen in hieratischer Schrift aufgeschrieben. Er ist eine der wichtigsten Quellen für unser Wissen über die Mathematik der alten Ägypter.

Wer war der Pharao?

Übersetzt heißt das Wort Pharao „Großer Palast“. In diesem wohnte der ägyptische König. Er war die mächtigste und wichtigste Person in Ägypten. Nur die allerhöchsten Beamten durften ihn sehen und mit ihm sprechen. Sie durften ihn aber nicht mit seinem Namen anreden und so sagten sie „Pharao“ zu ihm – nach dem Palast, in dem er wohnte. Der Pharao war mehr als einfach nur ein König. Für die Menschen im alten Ägypten war er Herrscher und Gott in einer Person!
Ein Pharao war oft mit vielen Frauen verheiratet. Die jeweilige „Hauptfrau“ wurde ebenfalls als Göttin verehrt und bekam den Namen „Große Königliche Gemahlin“. Von seinen vielen Frauen hatte der Pharao viele Kinder. Pharao Ramses II soll mehr als hundert Söhne und Töchter gehabt haben!

Übrigens:
Sehr selten regierte eine Frau allein über das ägyptische Pharaonenreich. Aber es gab auch Pharaoninnen: Nitokris (2218 bis 2216 v. Chr.), Nefrusobek (1798 bis 1794), Hatschepsut (1479 bis 1458), Tausret (1194 bis 1186) und Kleopatra VII. (51 bis 30). Manche dieser Pharaoninnen, darunter Hatschepsut, trugen bei offiziellen Anlässen und Festen die traditionelle männliche Pharaonenkleidung und den Zeremonienbart!

Diese riesige Statue von Ramses II., genannt „Ramses der Große“, steht in der Tempelanlage Abu Simbel (am Rande des Nasser-Stausees).

Sind alle Mumien Pharaos?

Alle Ägypter wünschten sich, dass ihr Körper auch über den Tod hinaus erhalten bleiben sollte – denn nur so konnten sie im Jenseits weiterleben. Den aufwendigen und sehr teuren Vorgang einer richtigen Mumifizierung konnten sich aber nur ganz wenige Ägypter leisten, darunter die Pharaonen und ihre Familien. Billiger war es zum Beispiel, auf die kostbaren Salben und Öle zu verzichten oder die Mumie nur in einen Holzsarg zu stecken. Wer sich auch das nicht leisten konnte, und das waren die meisten Ägypter, wurde nackt oder in Tücher eingewickelt auf einem Holzbrett im Wüstensand vergraben. Auf das Holzbrett war das Bild des Toten gemalt. Trockenheit, Hitze und der hohe Salzgehalt der Wüste sorgten für eine ganz natürliche Mumifizierung. Oft sind diese „einfachen“ Mumien sogar besser erhalten als die „teuren“ Mumien, die durch die Salben und Öle feucht blieben.

Übrigens:

Auch bei Wüstengräbern fanden sich Grabbeigaben, wodurch die Wissenschaftler viel über das Leben der einfachen Leute erfahren konnten.

Das ist eine Kindermumie. Das Bild auf der Mumie soll der Seele helfen, den Körper immer wiederzufinden.

Konnten die alten Ägypter Mathe?

Die alten Ägypter waren hervorragende Mathematiker! Allein der perfekte Bau der Pyramiden beweist das. Ohne gute Mathematiker und Physiker wäre so ein Bau nicht möglich, die Pyramiden würden unter ihrem eigenen riesigen Gewicht zusammenbrechen (die Cheops-Pyramide wiegt fast 40 Mal so viel wie der Kölner Dom).
Die alten Ägypter benutzten aber ganz andere Zahlensysteme als wir heute. Sie hatten nicht für jede Zahl ein eigenes Symbol, sondern schrieben so:

| 1 ∩ 10 𓍢 100

8 sah bei ihnen daher so aus:

||||||||

Und 393 hätte so ausgesehen:

𓍢𓍢𓍢 ∩∩∩ |||
∩∩∩
∩∩∩

Die Figur eines Schreibers. Wer lesen, schreiben und rechnen konnte, war im alten Ägypten hoch angesehen!

Warum war der Mistkäfer ein Glücksbringer?

Das Symbol eines Mistkäfers, des Skarabäus, galt in Ägypten als Glücksbringer. Die Käfersteine wurden den Toten auf die Brust gelegt, zwischen die Leinenbinden der Mumie gesteckt oder dienten als Siegel, zum Beispiel von Weinkrügen.
Warum sollten ausgerechnet Mistkäfer, genauer die Pillendreher, den Ägyptern Glück bringen?
Pillendreher ernähren sich von tierischem Kot. Nach der Paarung formt der Käfer eine große Kugel aus dem Kot, klemmt sie zwischen seine Hinterbeine und vergräbt die Kugel im Boden. Das Weibchen legt die Eier mitten in die Kotkugel hinein. Dadurch sitzen die Larven nach dem Schlüpfen sozusagen mitten im Schlaraffenland.
Die alten Ägypter beobachteten, dass manchmal aus einem Haufen Kot lebendige Käfer hervorkamen. Daher war der Pillendreher für sie das Symbol für das Weiterleben nach dem Tod!
Außerdem konnten sie durch das Verhalten der Käfer das jährliche Nilhochwasser vorhersagen. Denn die Tiere wanderten kurz vor dem Hochwasser weg vom Nil in trockenere Gebiete und tauchten dann auf einmal vermehrt in den Häusern auf. Auch deswegen wurde der Käfer als Glücksbringer verehrt.

Diese Hieroglyphe zeigt einen Skarabäus

Kauten die alten Ägypter schon Kaugummi?

Die alten Ägypter liebten bereits Kaugummi! Der half vor allem gegen Mundgeruch. Er bestand aus Bockshornkleesamen, Myrrhe, Weihrauch, Wacholderbeeren, Rosinen, Honig und der Kaumasse Mastix. Mastix ist das gummiartige Harz des Mastix-Pistazienbaums, der im Mittelmeerraum wächst. Kauen ließ sich darauf sehr gut, Blasen machen konnten die alten Ägypter damit aber bestimmt noch nicht.

Übrigens:
Heute ist die Grundlage von Kaugummi eine Mischung aus verschiedenen Gummisorten, zu denen vor allem Chicle gehört. Auch Chicle ist ein gummiartiges Harz, stammt jedoch vom Sapotillbaum, der im Südosten Asiens und in Mittelamerika wächst.

Wenn ein Baum verletzt wird, fließt aus der Wunde Harz. Diese zähe, klebrige Flüssigkeit verschließt die Wunde wieder.

Wie viele Mumien haben Forscher gefunden?

Die meisten Pharaonengräber waren, als die Wissenschaftler sie fanden, leer. Daher gibt es nur wenige „berühmte" Mumien, z. B. Ramses II und Tut-Anch-Amun. Da jedoch auch alle einfachen Ägypter irgendwie mumifiziert waren, gibt es Hunderttausende von Mumien.
Die Menschen nutzten die gefundenen Mumien auf vielerlei Arten: Im 13. Jahrhundert kam jemand auf die Idee, die Salböle aus den Mumien, die wie Erdpech aussahen, zu entfernen und als „Mumia" zu verkaufen. Denn im Mittelalter galt Erdpech als Heilmittel. Es war aber nur schwer zu beschaffen und teuer. Später wurden einfach ganze Mumien zerbröselt. Das Mumienpulver sollte große medizinische Kraft haben. Noch um 1900 hatten viele Apotheken ihre eigene Mumie! Um 1800 entdeckte man so viele Mumien, dass man sie einfach zum Heizen verwendete. Und als am Ende des 19. Jahrhunderts in Amerika die Lumpen für die Papierherstellung nicht mehr ausreichten, ließen die Amerikaner sich einfach ein paar Mumien aus Ägypten kommen!

Übrigens:

Im 19. Jahrhundert war das Auswickeln von Mumien ein großer Partyspaß. Nachdem die Gesellschaft gespeist hatte, versammelten sich die Gäste vor dem Tisch, auf dem die Mumie lag. Und mit Spannung wurde verfolgt, wie die Mumie Stück für Stück ausgewickelt wurde.

LORD LONDESBOROUGH

At Home,

MONDAY, 10th JUNE, 1850,

144 PICCADILLY

A Mummy from Thebes to be unrolled at half-past Two.

To ______________________ No. ________

Einladung zu einer „Mumienauswickelparty", 1850.

Hatten die Ägypter Haustiere?

Ägypter hielten sich vor allem Katzen als Haustiere. Die waren sehr beliebt. Denn sie jagten die schädlichen Nagetiere in den Kornfeldern entlang des Nils. Katzen wurden sogar als heilig verehrt! Die Göttin der Fruchtbarkeit, Bastet, wurde mit einem Katzenkopf dargestellt.
Sogar ins Jenseits mussten die Katzen mit, denn auch dort wollten die Ägypter nicht alleine sein. Wenn eine geliebte Katze starb, wurde ihr Körper mumifiziert, sie wurde feierlich begraben und bekam als Grabbeigabe Spielzeug für ihr nächstes Leben. Auch andere Haustiere wurden so fürs Jenseits präpariert.
Es entstand sogar eine ganze Stadt, die nur aus Friedhöfen heiliger Tiere bestand!

Übrigens:
Die alten Ägypter verehrten viele Tiere. Sie stellten ihre Götter mit menschlichen Körpern und Menschenköpfen oder Tierköpfen dar. Das Tier stand für eine bestimmte Eigenschaft der Gottheit. Der Gott Anubis – der Toten- und Friedhofsgott – besaß zum Beispiel einen Schakalkopf, da diese Tiere die Gräber in der Wüste plünderten.

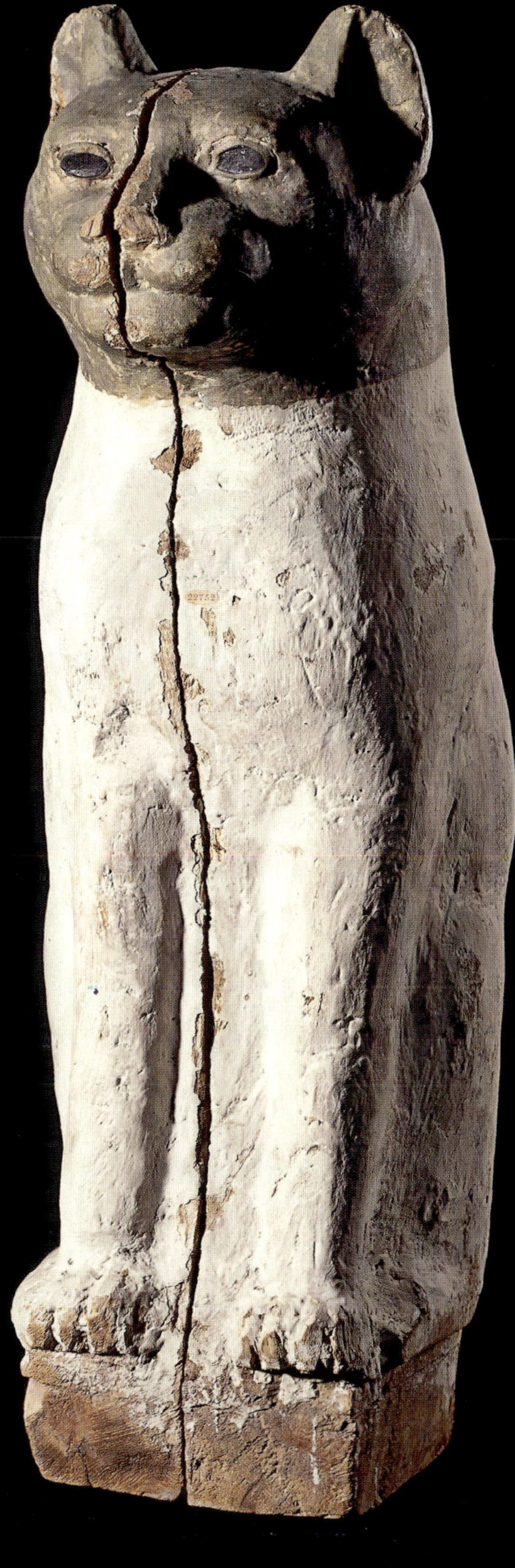

Jn diesem Sarg lag
die Mumie einer Katze.

Was Kinder wissen wollen

In der Reihe „Was Kinder wissen wollen“
sind bereits folgende Titel erschienen:

Was wäscht der Waschbär?

Verblüffende Antworten
aus der Tierwelt

ISBN 978-3-86613-072-2

**Woher kommen
Blitz und Donner?**
Verblüffende Antworten
über Himmel und Erde

ISBN 978-3-86613-073-9

**Warum haben wir
zehn Zehen?**
Verblüffende Antworten
über den Körper

ISBN 978-3-86613-200-9

**Wie kommen die Streifen
in die Zahnpasta?**
Verblüffende Antworten
aus dem Alltag

ISBN 978-3-86613-201-6

Hatten Dinos Karies?

Verblüffende Antworten
über die Saurier

ISBN 978-3-86613-239-9

**Woher weiß der Toast,
wann er fertig ist?**
Verblüffende Antworten
aus dem Alltag

ISBN 978-3-86613-240-5

**Wie viele Höcker
hat ein Kamel?**
Verblüffende Antworten
aus der Tierwelt

ISBN 978-3-86613-256-6

Wie spült die Klospülung?

Verblüffende Antworten
über Technik

ISBN 978-3-89858-257-5

**Können Schmetterlinge
hören?**
Verblüffende Antworten
über kleine Tiere

ISBN 978-3-86613-227-6

Was spuckt ein Vulkan?

Verblüffende Antworten
über Naturgewalten

ISBN 978-3-86613-228-3

**Wo ist im Weltalll
oben und unten?**
Verblüffende Antworten
über den Kosmos

ISBN 978-3-86613-237-5

**Warum knallt
die Knallerbse?**
Verblüffende Antworten
über Pflanzen

ISBN 978-3-86613-238-2

**Wie kommt der Ritter
in die Rüstung?**
Verblüffende Antworten
über das Mittelalter

ISBN 978-3-86613-270-2

**Wie macht die Kuh
die Milch?**
Verblüffende Antworten
über den Bauernhof

ISBN 978-3-89858-269-8

Können Fische rülpsen?

Verblüffende Antworten
über das Meer

ISBN 978-3-86613-282-5

**Warum hat
ein Bagger Zähne?**
Verblüffende Antworten
über Baustellen

ISBN 978-3-86613-283-2

Warum stinkt der Käse?

Verblüffende Antworten
über Essen und Trinken

ISBN 978-3-86613-293-1

**Warum tragen
Indianer Federn?**
Verblüffende Antworten
über Indianer

ISBN 978-3-86613-294-8

**Wann darf der Lokführer
aufs Klo?**
Verblüffende Antworten
über die Bahn

ISBN 978-3-86613-524-6

**Wo beginnt
der Regenbogen?**
Verblüffende Antworten
über Himmel und Erde

ISBN 978-3-86613-507-9

**Wie schnell ist
die Feuerwehr?**
Verblüffende Antworten
über die Feuerwehr

ISBN 978-3-86613-523-9

**Frieren Pinguine
an den Füßen?**
Verblüffende Antworten
über Eis und Schnee

ISBN 978-3-86613-525-3

**Wie kommt der Fisch
in die Stäbchen?**
Verblüffende Antworten
aus dem Alltag

ISBN 978-3-86613-533-8